AF174941

SACERDOTISAS

LIDIA GONZÁLEZ ESTRADA

Cualquier forma de reproducción, distribución, comunicación pública o transformación de esta obra solo puede ser realizada con la autorización de sus titulares, salvo excepción prevista por la ley. Diríjase a CEDRO (Centro Español de Derechos Reprográficos, www.cedro.org) si necesita fotocopiar o escanear algún fragmento de esta obra.

© Lidia González Estrada
© De la presente edición, Prensas de la Universidad de Zaragoza (Vicerrectorado de Cultura y Proyección Social)
1.ª edición, 2025

Este Cuaderno ha sido financiado por la Red Libera Res Publica (RED2022-134584-T, Agencia Estatal de Investigación, Ministerio de Ciencia e Innovación, Gobierno de España), y por el Grupo de Investigación Hiberus (Gobierno de Aragón).

Imagen de cubierta: Carl Friedrich Deckler, *Vestal con guirnalda de vid*. Foto: Dominio público, Wikimedia Commons

Cuadernos *Libera Res Publica*. Las Mujeres en la República Romana, 5

Directores de los Cuadernos *Libera Res Publica:*
Cristina Rosillo-López
Francisco Pina Polo
Elena Torregaray Pagola

Prensas de la Universidad de Zaragoza. Edificio de Ciencias Geológicas, c/ Pedro Cerbuna, 12 50009 Zaragoza, España. Tel.: 976 761 330 puz@unizar.es • http://puz.unizar.es

Editorial Universidad de Sevilla, c/ Porvenir, 27, 41013 Sevilla, España. Tel.: 954 487 447 • info-eus@us.es • https://editorial.us.es

ISBN 979-13-87705-09-1
Impreso en España
Imprime: Servicio de Publicaciones. Universidad de Zaragoza
Depósito legal: Z 377-2025

Para buena parte de las sociedades modernas, en las que la impronta de la tradición judeocristiana es muy profunda, la figura de la sacerdotisa es percibida no sin cierta extrañeza, considerándola un elemento ajeno y exótico. En muchos casos, esta visión se ha visto reforzada por las producciones cinematográficas, especialmente el péplum, que han influido de forma extraordinaria en la conformación de nuestro imaginario colectivo sobre la Roma antigua. Estas producciones, además, beben en su mayoría de novelas decimonónicas en las que el mundo romano, con sus impías y corruptas prácticas cultuales, es solo un marco decadente en el que tendrá lugar el surgimiento y triunfo de la fe cristiana.

Quienes escriben la historia no escapan de la influencia de su propia cosmovisión al abordar sus trabajos académicos. Hasta bien entrado el siglo xx, los politeísmos de la Antigüedad, y muy especialmente el papel de las mujeres dentro de las prácticas religiosas, fueron percibidos a través de un prisma plagado de estereotipos. Estos se basaban en la percepción de la participación femenina en las religiones cívicas como algo marginal y excepcional. Por ello, pocos estudios profundizaron en este fenómeno «intrascendente» y, cuando lo hicieron, tendieron a limitar la actividad religiosa de las mujeres exclusivamente a áreas asociadas con lo femenino: matrimonio, parto, maternidad o crianza. Aún hoy, algunas de estas ideas, respaldadas por el prestigio de quienes las formularon, siguen presentes en el debate académico. Pero ¿fueron las sacerdotisas de la Roma republicana realmente un fenómeno marginal e irrelevante?

Si buscamos una primera respuesta en uno de los mecanismos que la sociedad romana utilizó para explicarse a sí misma el origen de su organización sociopolítica y de sus formas de vida, es decir, las leyendas fundacionales de la ciudad, tenemos un primer argumento para desmentir esta visión. Los relatos míticos a los que nos referimos, construidos y reconstruidos permanentemente a lo largo de la historia de la propia ciudad, cuentan con mujeres destacadas que cumplían una labor sacerdotal. Estas eran, en concreto, vírgenes vestales, el sacerdocio femenino por excelencia de la Roma antigua. La propia identidad cívica romana, así como el correcto funcionamiento del Estado y su prosperidad en sentido amplio estaban asociados a este destacadísimo cuerpo sacerdotal.

No es de extrañar, por tanto, que la propia madre de los legendarios gemelos fundadores de la Urbe, Rea Silvia, fuera considerada según algunas tradiciones una virgen vestal. La joven, hija de Numitor, fue consagrada como sacerdotisa de Vesta por su tío Amulio para impedir que tuviera descendencia, ya que este sacerdocio exigía el mantenimiento de la castidad emulando la condición virginal de la diosa del hogar. La intención de Amulio era evitar un vaticinio que auguraba que el hijo de Rea Silvia lo destronaría como rey de Alba Longa. Sin embargo, la doncella fue fecundada por Marte mientras dormía tras acercarse a recoger agua en un bosque cercano, dando posteriormente a luz a Rómulo y Remo. De esta forma, los padres de Roma y, en sentido amplio, todos los romanos descendían del propio dios de la guerra a través del cuerpo de una virgen consagrada (fig. 1).

En estos relatos, destinados no solo a construir un discurso identitario, sino también moralizante, encontramos personajes que contribuyen a definir modelos de conducta, pero también otros que funcionan como contraejemplo. Entre estos últimos, podemos mencionar la vida de una célebre mujer, Tarpeya, que según algunos autores clásicos era una virgen vestal. Esta joven, hija del general Espurio Tarpeyo, aparece en estas obras como la primera vestal conocida de Roma —no de Alba Longa— y un ejemplo de traición femenina. Según algunas versiones, Tarpeya permitió la entrada del ejército sabino a la ciudad a cambio de las joyas que llevaban estos hombres en el brazo

Fig. 1. Jacques Blanchard, *Marte y la virgen vestal.* Art Gallery of New South Wales, Sydney. Wikimedia Commons.

izquierdo, motivada por un engaño de su rey Tito Tacio, quien le había prometido matrimonio. En otra versión, su intención era tender una trampa al ejército hostil. En cualquier caso, el destino de la virgen fue trágico, puesto que fue traicionada y aplastada por las «joyas» que le habían sido prometidas, los escudos de los soldados enemigos (fig. 2). Su muerte sirvió como advertencia moral y estableció el origen mítico de la Roca Tarpeya, desde la cual se despeñaba a los traidores.

Fig. 2. Reverso de denario acuñado en el 89 a. C. por *L. Titurius Sabinus* (*RRC* 344/2). Dos soldados con escudos son representados matando a Tarpeya. American Numismatic Society.

Si abandonamos el velo mítico de las leyendas fundacionales y nos adentramos en la vida real de las mujeres que ejercieron labores sacerdotales en la Roma republicana, ¿debemos centrarnos únicamente en las vírgenes vestales? ¿Existieron otros sacerdocios femeninos? ¿A qué divinidades servían? ¿Qué tipo de mujeres eran elegidas? ¿Cuáles eran sus funciones y responsabilidades? ¿Iban más allá de lo estrictamente religioso? Estas y otras cuestiones serán abordadas en las páginas siguientes. Advertiremos, no obstante, que la reconstrucción de la experiencia de estas mujeres será inevitablemente incompleta y parcial, debido tanto a la escasez de fuentes como a nuestras propias limitaciones interpretativas, las de quienes perciben los politeísmos de la Antigüedad y sus prácticas desde parámetros socioculturales muy distintos.

1.
¿Qué es una sacerdotisa?

La cuestión que da inicio a este apartado puede resultar innecesaria por autoexplicativa, pero, cuando nos enfrentamos a la tarea de profundizar en las características de realidades tan distantes de la nuestra, es necesario comenzar por definir los aspectos básicos de nuestro análisis, con el fin de minimizar nuestras imprecisiones.

Si consideramos que una sacerdotisa es toda mujer que se encuentra al servicio de una divinidad, encontraremos en la península itálica durante la etapa que nos ocupa, la de la República romana, diferentes términos para designar a estas mujeres. Sin embargo, no todas ellas pueden adscribirse a lo que la sociedad romana concebía como una *sacerdos*, término latino del que derivan *sacerdote* y *sacerdotisa,* y que se asocia a funciones específicas dentro de los cultos públicos. Asimismo, existen otros términos en lenguas itálicas que se consideran equiparables, no sin una dosis razonable de incertidumbre, como *anaceta, sacraririx* o *tabara.*

Por tanto, ¿qué es lo que caracteriza a aquellas que ostentan el título de *sacerdos* o similares? A pesar de que no podemos asegurar con probabilidad que el contenido tras estos términos sea el mismo para todos los núcleos itálicos en los que se constatan y durante todo el marco cronológico que ocupa nuestro interés, la comparativa entre fuentes, tanto contemporáneas como posteriores, nos permite arrojar algo de luz sobre este asunto. Los casos para los que tenemos algo más de certeza sobre las labores de estas mujeres, que datan en su mayoría de época imperial, permiten suponer que ostentaron puestos de prestigio dentro de la estructura de su correspondiente culto, en los que dirigían y encabezaban las ceremonias bajo su responsabilidad. También serían las principales agentes en el proceso sacrificial: mecanismo primordial de comunicación entre la comunidad y sus deidades que ocupa un lugar central en los ritos públicos de los politeísmos de la Antigüedad y, de forma muy característica, en las religiones grecorromanas. También ocupan un lugar destacado en distintas festividades del calendario religioso romano, muy especialmente aquellas destinadas a honrar a la divinidad a la que rinden culto.

Merece la pena detenerse en el concepto de sacrificio. El término procede de la conjunción de otros dos, *sacrum* y *facere*, estrictamente, 'hacer algo sacro'; es decir, consagrar algo a la divinidad o hacer que algo pase a su posesión. Las sacerdotisas, al igual que los sacerdotes, presidían y dirigían este acto de consagración, que en esencia implicaba una transferencia de propiedad a las deidades. Este elemento transferido o consagrado puede ser un animal, lo que implicaría su inmolación, o simplemente algún tipo de ofrenda floral, de alimentos, incienso o líquidos, entre otros productos. Por consiguiente, el principal acto de este proceso —aunque probablemente no el más espectacular— era la consagración. En el caso del sacrificio animal, la consagración se producía cuando este era rociado con la denominada *mola salsa*, una mezcla de harina, sal y otros productos cuya preparación, de hecho, recae sobre las vírgenes vestales. En ese momento, el animal dejaba de pertenecer a la comunidad y pasaba a ser propiedad de los dioses. Otros asistentes en el ritual, que reciben distintos apelativos, siendo el más habitual el de *popa* o *victimarius*, ayudaban a la sacerdotisa o al sacerdote dando muerte al animal.

Es necesario aclarar este punto porque, hasta hace relativamente poco, se sostenía la idea de que las sacerdotisas no podían presidir sacrificios cruentos. Sin embargo, el análisis crítico de las fuentes disponibles, así como el hallazgo de nuevos testimonios, principalmente iconográficos y epigráficos, han permitido refutar esta interpretación y matizar las razones que llevaron a formularla. Además, si se aceptaba sin reparos que las mujeres tenían la capacidad de consagrar elementos no animales y si consideramos que la muerte no constituye el acto más significativo del proceso, ¿por qué negar la capacidad de llevar a cabo esa misma labor en el contexto del sacrificio animal? (fig. 3).

Fig. 3. Detalle de un altar posiblemente vinculado al culto a Diana con escena sacrificial dirigida por una mujer. Ny Carlsberg Glyptotek, Copenhague. Aracne.

En conclusión, la *sacerdos* presidía los ritos bajo su responsabilidad, incluidos los sacrificios cruentos, en nombre de la comunidad de fieles, en los *sacra publica*; es decir, como menciona Cicerón en su *Discurso en defensa de Lucio Cornelio Balbo* (55), en aquellos actos rituales que se llevaban a cabo «en favor de los ciudadanos» y que, además, eran financiados con dinero público. Los detalles de estos rituales variaban según la ocasión y el tipo de sacerdocio ejercido por las mujeres, y solían estar acompañados de procesiones, plegarias, gestos y otras acciones ritualizadas, difíciles de rastrear en las fuentes. De hecho, la existencia de sacerdotisas encargadas de los rituales cívicos en época republicana queda atestiguada en varias inscripciones, donde el título de *sacerdos* aparece acompañado del adjetivo «pública».

2.
Criterios de selección

Un puesto de tal trascendencia y responsabilidad requería que las candidatas cumplieran con una serie de condiciones específicas, las cuales podían variar significativamente según el tipo de sacerdocio. Es probable, además, que existieran diferencias regionales, así como modificaciones en algunos de estos criterios a lo largo del tiempo. Asimismo, las exigencias podían estar vinculadas a la duración del cargo —un aspecto del que tenemos, con excepciones, poca información— y a la etapa de la vida en la que las mujeres comenzaban su labor como sacerdotisas, ya fuese en la niñez o en la edad adulta.

Los criterios fundamentales para su elección estaban relacionados principalmente con el estatus social, la condición jurídica, la edad y la moralidad de las candidatas. En algunos casos, se consideraba si estaban casadas o si solo habían contraído matrimonio una vez. En el caso particular de las vestales, la castidad era un requisito indispensable, mientras que en otros cultos este aspecto carecía de relevancia.

Respecto al estatus socioeconómico, es razonable pensar, si tenemos en cuenta la comparativa con los testimonios imperiales, que los puestos más prestigiosos dentro de la estructura cultual eran ocupados por miembros de las élites, lo que les otorgaba visibilidad y reforzaba su influencia social. El propio Cicerón menciona que las sacerdotisas de Ceres en Catania eran mujeres adultas, de conducta irreprochable y de origen noble (*Verrinas*, 2.4.99). En Roma, los sacerdocios de mayor prestigio, como el de las vestales, también estaban reservados para hijas de las familias más influyentes de la ciudad.

No obstante, ya en época imperial se documenta la existencia de libertas, es decir, esclavas que habían obtenido la libertad, en puestos de relevancia, probablemente debido a su fortuna personal o familiar. Sin embargo, tanto las libertas como las esclavas tendían a ocupar posiciones más bajas dentro de la jerarquía del culto. Un ejemplo notable es el de Minturno, ciudad situada en el Lacio, donde se encontró una inscripción del siglo I a. C. que menciona a un grupo de mujeres relacionadas con el culto de Venus. En la inscripción aparecen mujeres libres, libertas y esclavas, organizadas de manera jerárquica según su estatus jurídico, aunque no de forma estricta.

En cuanto a la edad, se sabe que las vírgenes vestales entraban al servicio de la diosa entre los seis y los diez años, y que su servicio debía durar al menos treinta años. Sin embargo, como menciona el biógrafo de época imperial Plutarco (*Vida de Numa*, 10), muy pocas se acogían a la opción de retirarse tras ese periodo, y se tiene constancia de vestales que llegaron a una edad avanzada. Un ejemplo es Vibidia, mencionada por Tácito como la vestal más anciana cuando intercedió por Mesalina ante Claudio (*Anales*, 11.32.2). La edad también tenía un papel relevante en otros cultos, como el de Líber en Roma. Las mujeres que realizaban las ofrendas y sacrificios durante las *Liberalia*, las fiestas en honor al dios Líber, eran descritas como ancianas (Varrón, *Sobre la lengua latina*, 6.14; Ovidio, *Fastos*, 3.763-768).

La moralidad y un comportamiento intachable eran otros factores cruciales para la selección de las sacerdotisas. Un ejemplo de esto se encuentra en el culto de la Fortuna de las Mujeres en Roma, donde, según Dionisio de Halicarnaso (*Antigüedades romanas*, 8.56.4), las féminas que servían a esta deidad podían haber sido recién casadas y probablemente también univiras, es decir, mujeres que solo habían contraído nupcias una vez. De manera similar, las vestales debían mantenerse castas durante todo su servicio. Sin embargo, en otros cultos, como el de las flamínicas o la *regina sacrorum*, no solo no era necesario ser virgen, sino que el matrimonio era un requisito indispensable para ocupar el cargo, ya que formaban parte de un sacerdocio compartido con sus esposos, los flámines y el *rex sacrorum*. Es probable, de hecho, que el mantenimiento de la castidad fuera una obligación más excepcional que habitual, si bien estaba extendida la práctica de abstenerse de relaciones sexuales antes de algunos rituales como forma de purificación previa a su realización, tanto en el caso de las mujeres como en el de los varones.

Algunos autores sostienen la existencia de la prostitución sagrada en ciertos cultos. Es esta una opinión que parece descansar más en la visión de la sacerdotisa desde el prisma del exotismo que en la existencia de prácticas que verdaderamente podamos constatar a partir de las fuentes disponibles para la península itálica. En el mejor de los casos, es un tema que sigue estando a debate.

Otro criterio importante era la condición física de las candidatas. No podían presentar enfermedades graves, diversidad funcional o malformaciones, ya que esto no solo podría interferir en sus labores, como hablar en público o realizar sacrificios, sino que también podía interpretarse como una señal de desaprobación divina. De igual manera, para ciertos sacerdocios, especialmente cuando las elegidas eran jóvenes, se exigía que sus padres estuvieran vivos, no hubieran sido esclavos y no hubieran ejercido ocupaciones de baja reputación, con el fin de evitar cualquier posible «contaminación» o miasma que pudiera afectar al ejercicio del cargo. Finalmente, es posible que en algunos casos se incluyeran condicionantes vinculados al lugar de nacimiento o de residencia de las sacerdotisas.

A modo de recapitulación, veamos el ejemplo de las vestales (texto 1):

TEXTO 1.
CONDICIONES PARA ESCOGER
A UNA VIRGEN VESTAL
(Aulo Gelio, *Noches áticas*, 1.12.1-8)

«Aquellos que han escrito sobre la elección de una virgen (de los cuales Labeo Antistio lo ha tratado con mayor detalle) sostienen que no está permitido seleccionar a una niña de menos de seis años ni de más de diez; o a una cuyos padres no estén vivos; o a una que presente un impedimento del habla, una discapacidad auditiva o algún otro defecto corporal; o a una que haya sido emancipada ella misma o cuyo padre haya sido emancipado, incluso si está bajo la potestad de su abuelo y su padre aún vive; o a una cuyos padres, ya sea uno o ambos, fueran esclavos o estuvieran involucrados en ocupaciones bajas. También dicen que una cuya hermana fue seleccionada para este sacerdocio obtiene una exención; o una cuyo padre sea un flamen, un augur, uno de los *quindecimviri sacris faciundis* (*los quince hombres encargados de consultar los Libros Sibilinos), uno de los *septemviri epulones* (*los siete hombres para los banquetes sacrificiales) o un salio (*sacerdote danzante de Marte). Además, es costumbre otorgar una exención de este sacerdocio a la prometida de un pontífice y a la hija de un *tubicen sacrorum* (*sacerdote que oficia en el *Tubilustrium* ceremonias de purificación de las trompetas de guerra o *tubae* para las campañas bélicas). Asimismo, Capito Ateyo dejó constancia de que no debe seleccionarse a la hija de un hombre que no tenga residencia en Italia, y que la hija de uno que tenga tres hijos debe ser excusada».

3.
Otro tipo de personal religioso

En la antigua Roma, existían varias figuras femeninas y masculinas que ejercían funciones de asistencia en los rituales y sacrificios públicos desempeñando papeles de apoyo en las ceremonias religiosas. Estas asistentes podían cumplir diversas labores, dependiendo de la naturaleza del culto y del tipo de sacerdocio al que estuvieran vinculadas. Aunque, en sentido estricto, no podríamos considerarlas sacerdotisas, merece la pena resaltar la presencia femenina en otras tareas vinculadas al sacrificio, el culto, la atención de los devotos y el cuidado de los templos, reflejando una participación femenina en la mayoría de las áreas relacionadas con el servicio a las divinidades y los rituales públicos.

Las *ministrae* son mencionadas en algunos textos, pero su función exacta sigue siendo incierta. Se ha sugerido que estas mujeres podrían haber desempeñado labores administrativas, de cuidado del templo o de atención a los devotos. También es posible que ayudaran en ciertos rituales, aunque no se ha establecido con certeza su papel específico.

Entre las asistentes a los rituales destacamos a la *flaminia sacerdotula*, quien actuaba como ayudante de la *flaminica Dialis*. Su función probablemente consistía en ofrecer apoyo durante los rituales bajo la responsabilidad de la flamínica, aunque contamos con muy pocos detalles sobre su labor. Asimismo, en los sacrificios públicos se encontraban las *camillae*, quienes, al igual que los *camilli* (varones jóvenes), debían ser de origen libre y tener a ambos progenitores vivos en el momento de asumir su cargo, condiciones que subrayaban la pureza y vitalidad requeridas para el correcto cumplimiento de sus labores rituales. Tanto las *camillae* como los *camilli* asistían en diversos sacrificios públicos portando los objetos rituales indispensables para su realización.

Fig. 4. Lawrence Alma-Tadema, *Primavera* (detalle). Getty Center. Wikimedia Commons.

Otra figura notable es la *simpulatrix*, cuya tarea estaba relacionada con el uso del *simpulum*, una pequeña vasija empleada para transportar vino durante los sacrificios y libaciones. Estas mujeres desempeñaban una función específica en las ofrendas líquidas, un aspecto central de los ritos religiosos. Las *caniferae*, por su parte, llevaban las canastas sagradas en las procesiones y otros rituales, mientras que las *tutulatae* eran otras asistentes de los sacrificios, comparadas por Dionisio de Halicarnaso con las canéforas griegas, que llevaban canastas en procesiones religiosas (*Antigüedades romanas*, 2.22.2).

El acompañamiento musical también era fundamental en los rituales y ceremonias, y había personal religioso encargado de esta tarea. Las *tympanistriae*, mencionadas en inscripciones de época imperial, eran mujeres que tocaban el tambor (el *tympanum*) en los cultos a la Mater Magna (Cibeles), la Gran Madre de los dioses. Por otro lado, las *tibicenes* cumplían un papel musical tocando la tibia, un instrumento de viento similar a una flauta (fig. 4). Por su parte, las *aedituae* eran las guardianas de los templos, encargadas de su cuidado y mantenimiento, lo que era crucial para el correcto desarrollo de las actividades cultuales.

Finalmente, merece la pena mencionar el caso de Critonia Filema, una mujer que es descrita como *popa* en su monumento funerario. Aunque tenemos dificultades para definir exactamente qué actividades abarcaba este término, que se utiliza habitualmente para designar a aquellos encargados de aturdir y/o matar al animal en el contexto de los sacrificios cruentos, su mención es significativa. Algunos rituales que implican sacrificios tenían un carácter exclusivamente femenino, como los realizados en diciembre en honor a la Bona Dea, en los que se sacrificaba una cerda (Cicerón, *Sobre la respuesta de los arúspices*, 12.37; *Cartas a Ático*, 1.13.3). Esto sugiere que podríamos vincular a Critonia con esta actividad, proporcionando un nuevo argumento para discutir la supuesta incapacidad femenina para participar, con distintas responsabilidades, en los sacrificios cruentos.

4.
¿Se aprende a ser sacerdotisa?

Dentro de los múltiples interrogantes difíciles de responder se encuentra el que introduce este apartado: ¿cómo era la formación de las sacerdotisas? Es de suponer, aunque apenas contamos con datos al respecto, que antes o después de ser designadas, estas mujeres, adultas o jóvenes, deberían atravesar una etapa de formación para la realización de sus funciones.

De nuevo, serán las vestales las que nos sirvan para ilustrar este proceso. Una vez escogida la vestal, será ritualmente designada como virgen consagrada a través de la *captio*. En este acto las niñas serían tomadas o cogidas (*captae*) de la mano por el pontífice máximo y dirigidas al *atrium Vestae*, el recinto cercano al templo de Vesta, donde vivirían con el resto de sus compañeras (Gayo, *Instituciones*, 1.130; 3.114; Aulo Gelio, *Noches áticas*, 1.12.13). Esto simbolizaba su separación de la familia, en términos jurídicos, aunque no tenía por qué afectar a los lazos afectivos, y marcaba su consagración al servicio de Vesta. La *captio* implicaba que la vestal dejaba de estar bajo la potestad de su familia y pasaba a formar parte del colegio pontifical, que reunía a los sacerdotes más importantes del Estado romano. Este acto simbólico, que implica también una nueva situación jurídica, era solemne. Por tanto, cuando la vestal dejaba el sacerdocio, se hacía necesaria la ceremonia de la *exauguratio* que revertía el proceso. Pero ¿qué ocurría tras esta ceremonia? (fig. 5).

La propia configuración jerárquica de este cuerpo sacerdotal, con la denominada Vestal Máxima al frente del mismo, implica la existencia de un reparto de las labores y las responsabilidades según la experiencia acumulada. Plutarco nos ofrece una valiosa referencia al dividir las distintas etapas del servicio de las vírgenes consagradas en períodos de diez años (*Vida de Numa*, 10.1-5). Durante la primera década, las jóvenes aprendían los ritos; en la segunda, los oficiaban; y en la tercera, transmitían sus conoci-

Fig. 5. Hector Leroux, *Inauguratio de una vestal*. Colección privada. Wikimedia Commons.

mientos a otras novicias. Este proceso gradual revela una especialización interna en la que las vestales adquirían y transmitían conocimientos religiosos de manera intergeneracional.

Respecto a otros sacerdocios femeninos, carecemos de información precisa sobre los períodos de formación y sobre quiénes se encargaban de instruir a las sacerdotisas. Sin embargo, es razonable pensar que existía un conocimiento especializado asociado a sus funciones religiosas, probablemente transmitido, como en el caso de las vestales, de generación en generación, subrayando la importancia del saber femenino en las esferas religiosas de la Roma antigua.

Es posible que en ciertos casos dicha formación se produjera dentro del propio entorno familiar, ya que constatamos que algunas mujeres obtuvieron los mismos cargos sacerdotales que sus parientes. Un ejemplo lo hallamos en la Pompeya de los siglos I a. C. y I d. C., donde Clodia ostentó el sacerdocio público de Ceres al igual que previamente lo había hecho su abuela Lassia. Es interesante apuntar que, en el monumento funerario de la familia, donde aparecen las inscripciones dedicadas a ambas mujeres, encontramos también el de la liberta de la primera de las mujeres, Clodia Nigella. Esta es calificada como *porcaria publica*, probablemente la encargada de cuidar los cerdos destinados al sacrificio en el contexto de los rituales de Ceres, lo que revela un control familiar de distintos aspectos relacionados con los ritos sagrados dedicados a la diosa y un argumento más en favor de la participación de las sacerdotisas en los sacrificios cruentos.

Es posible, aunque no podemos afirmarlo con rotundidad, que algunas de las labores de asistencia asignadas a las jóvenes para ayudar a las sacerdotisas supongan una suerte de entrenamiento o un método para adquirir destrezas y conocimientos que podrían aplicar posteriormente en caso de ser elegidas para un cargo sacerdotal.

Finalmente, cierto conocimiento especializado se busca en algunos casos seleccionando y trasladando a Roma mujeres procedentes de otras zonas del Mediterráneo que, precisamente por su lugar de procedencia, parecen contar con los conocimientos adecuados para honrar a ciertas divinidades percibidas como extranjeras o de un origen no romano. Es el caso de las sacerdotisas de Ceres en la ciudad que, como comenta Cicerón (*En defensa de Lucio Cornelio Balbo*, 55), proceden de la Magna Grecia y de Sicilia y, por consiguiente, no tienen la ciudadanía romana, que se les otorga para que presidan los rituales en honor a la diosa con un conocimiento extranjero (*scientia peregrina et externa*), pero con un espíritu romano y ciudadano.

5.
El caso paradigmático de las vestales

Cualquier intento de acercarse al sacerdocio femenino en la República romana estaría incompleto sin dedicar un apartado al cuerpo sacerdotal femenino más importante, el único que forma parte del colegio pontifical y para el que, sin lugar a duda, contamos con más información en las fuentes: las vírgenes vestales. Ya hemos indicado en los apartados previos qué criterios debían cumplir para ser elegidas y cómo se producía su nombramiento, pero ¿por qué eran tan importantes?, ¿qué funciones y obligaciones tenían? A continuación se comentarán resumidamente algunos de estos aspectos.

a) Privilegios

En la Antigua Roma, las vírgenes vestales gozaban de un estatus singular que las eximía de muchas restricciones impuestas al resto de las féminas. En primer lugar, a diferencia de la mayoría de las mujeres romanas, no estaban sometidas a la *patria potestas* o autoridad de un *pater familias* (cabeza de familia) ni requerían de un tutor. En la sociedad romana, las mujeres se consideraban generalmente incapaces de administrar ciertos asuntos económicos sin una supervisión masculina, pero las vestales constituían una excepción significativa. Este privilegio, según el jurista Gayo (*Instituciones*, 1.145), estaba ya estipulado en la Ley de las Doce Tablas, el código de leyes romano más antiguo.

Además, las vestales tenían derechos legales exclusivos, como el de hacer testamento sin requerir la autorización de un tutor. También podían comparecer como testigos en casos judiciales (Aulo Gelio, *Noches áticas*, 7.7.2; Plutarco, *Vida de Publícola*, 8.4), aunque esta supuesta exclusividad debe ser matizada, dado que en la República romana encontramos otros ejemplos de mujeres participando en asuntos judiciales.

Otra distinción importante de las vestales era su presencia pública y ceremonial. En sus desplazamientos, contaban con el derecho de ser precedidas por un lictor, un guardia que acompañaba a altos magistrados y autoridades, demostrando su autoridad y dignidad. Asimismo, en festividades religiosas y eventos públicos se les permitía trasladarse en carruajes por la ciudad de Roma, y en espectáculos públicos, como los juegos, contaban con asientos privilegiados (fig. 6). Además de estas distinciones públicas, las vestales gozaban de una protección sagrada conocida como *sanctitas*, que prohibía que se las agrediera o ultrajara.

En cuanto a sus recursos económicos, las vestales recibían un *stipendium* o salario. La cuantía y naturaleza de este estipendio varía en los autores clásicos, y algunos sugieren que podría tratarse de un pago anual al colectivo de vestales, mientras que otros creen que recibían una suma de dinero individual cuando entraban al servicio de Vesta. Adicionalmente, se les asignaban colectivamente terrenos y propiedades, tanto dentro como fuera de Roma, que generaban ingresos procedentes de las rentas al conjunto de dicho cuerpo sacerdotal. También sabemos que algunas de estas sacerdotisas contaban con propiedades a título individual y que, además, se encargaban de gestionarlas. Podían realizar transacciones comerciales y administrar su propio capital, lo que favorecía su capacidad de acción e independencia. Por ejemplo, Plutarco narra el caso de la vestal Licinia, acusada de incumplir su voto de castidad por haber sido vista conversando en privado con un hombre. Sin embargo, Licinia fue absuelta al demostrar que la reunión se llevó a cabo para discutir los términos de una compraventa (*Vida de Craso*, 1.2).

Asimismo, las vestales estaban en contacto con los círculos de poder y de la élite política de Roma, no solo por su posición sacerdotal, sino también por sus lazos familiares. Como custodias de documentos importantes, incluyendo testamentos de figuras políticas influyentes y tratados oficiales, tenían acceso a información de gran importancia para asuntos estatales. También participaban en banquetes y eventos con figuras de alto rango, lo que las integraba en un entorno reservado a los hombres más poderosos de Roma. Este contacto les permitía introducirse en redes

Fig. 6. Hector Leroux, *Vestal virgins at the Roman Colosseum*. Colección privada. Wikimedia Commons.

de información y desarrollar conexiones significativas, y, aunque se desconoce con precisión el tipo de información a la que pudieron tener acceso en estos eventos, su presencia en tales entornos subraya la importancia de su rol sacerdotal y su proximidad a las esferas de influencia. Un caso claro son las cenas celebradas con ocasión del nombramiento de algún miembro del colegio pontifical. Por ejemplo, según una fuente pontificia citada por Macrobio (*Saturnalia*, 3.13.11), cuatro vestales, Popilia, Perpenia, Licinia y Arruntia, asistieron a un banquete celebrado en el año 69 a. C. con ocasión de la designación de L. Cornelio Léntulo Níger como flamen de Marte. La lista de invitados incluía a destacadísimas figuras políticas de la ciudad de Roma (fig. 7).

Finalmente, la visibilidad de las vestales en las festividades y eventos públicos era destacada. La escolta del lictor, el uso de carruajes, sus asientos preferenciales y su participación en ceremonias y rituales públicos las hacían figuras reconocibles y respetadas. Si bien esta visibilidad reforzaba su estatus y consideración pública, también las hacía vulnerables al escrutinio social.

b) Funciones y obligaciones

El principal rol de las vestales era el de ejercer como guardianas de la ciudad de Roma. Protegían a la comunidad manteniendo su absoluta virginidad, llevando a cabo distintos actos rituales, así como realizando las plegarias que garantizaran el

Fig. 7. Fragmento de relieve que representa a varias vírgenes vestales posiblemente en un banquete. Siglo I d. C. Museo del Ara Pacis. Wikimedia Commons.

bienestar del pueblo romano. Entre sus tareas destacaba el cuidado de la llama eterna de Vesta, que debía permanecer siempre encendida, salvo el 1 de marzo, cuando, con motivo del nuevo año —que hasta el siglo II a. C. comenzaba en ese mes—, el fuego sagrado de la diosa se apagaba y encendía de nuevo. Además, eran las encargadas de custodiar los *pignora imperii*, las reliquias más importantes de Roma, cuya conservación era capital para mantener su bienestar y poder. Por tanto, su labor principal era velar por el mantenimiento de la comunidad y sus habitantes y garantizar, además, que se mantuvieran las buenas relaciones entre el plano humano y el divino.

El amplio programa ritual asignado a este cuerpo sacerdotal subraya la importancia de su misión en la vida religiosa de Roma. Participaban en diversos ritos destinados a eliminar las impurezas de la ciudad, destacando el transporte de agua de la fuente de las Camenas para purificar tanto los objetos rituales como el propio templo de Vesta. En ciertas festividades clave del calendario romano, como la Fordicidia, desempeñaban un papel esencial en la garantía de la fertilidad de los campos y los animales. Asimismo, participaban en ritos relacionados con el abastecimiento de alimentos y la transformación del grano crudo en una sustancia adecuada para el consumo.

Durante las Vestalia, las festividades en honor a Vesta celebradas el 9 de junio, su papel era especialmente relevante. En esta ocasión, las tres vestales mayores preparaban la *mola salsa*, la masa salada utilizada para consagrar las víctimas sacrificiales. Este acto era fundamental para asegurar el correcto desarrollo de las ceremonias públicas y, en consecuencia, para mantener la armonía entre la ciudad y los dioses (*pax deorum*).

Asimismo, las vestales también tenían un papel muy destacado en los ritos secretos de diciembre dedicados a Bona Dea, en los que se excluía estrictamente a los hombres. Estos rituales, que implicaban el sacrificio de una cerda, eran celebrados en casa de una mujer de la élite cuyo esposo ostentaba un alto cargo (pretor o cónsul) e involucraban a las esposas de otros importantes magistrados. Por ejemplo, Terencia, esposa de Cicerón, y Pompeya, esposa de César, organizaron estos ritos en los años 63 y 62 a. C., respectivamente (Cicerón fue cónsul en el año 63, mientras que César fue pretor en el 62).

Las vírgenes de Vesta tenían, por consiguiente, toda una serie de responsabilidades religiosas tanto continuas como enmarcadas en festividades anuales e incluso algunas más esporádicas, relacionadas, por ejemplo, con los rituales destinados a expiar un presagio funesto, lo que los romanos denominaban un prodigio. De todas estas obligaciones, dos destacan sobre el resto por las terribles consecuencias que su incumplimiento podía acarrear a las vestales: la custodia del fuego sagrado y el mantenimiento de su castidad. De hecho, ambas están relacionadas, porque la extinción de la llama sagrada se consideraba habitualmente un signo de que una de las vestales era impura.

Dado que el mantenimiento del fuego de Vesta se asociaba con la preservación de la propia Roma, su extinción se consideraba un hecho funestísimo que presagiaba su destrucción. Por ello, el descuido en su custodia, aunque fuese accidental, traía terribles consecuencias para la vestal encargada de velar por él. Por ejemplo, en el 206 a. C. una vestal acusada de haber permitido que la llama se extinguiera fue azotada por el pontífice máximo (fig. 8).

No obstante, la acusación de *incestum*, de ruptura de su voto sagrado de castidad, era la más grave que podía enfrentar una vestal. Cuando esta era acusada de haber incurrido en esta gravísima falta, tanto ella como el hombre sospechoso de haber sido

Fig. 8. José Rico Cejudo, *Las vestales*. Galería Rico Cejudo del Ayuntamiento de Sevilla. Wikimedia Commons. A pesar del título genérico de la obra, esta parece representar la desesperación de una vestal tras la extinción del fuego sagrado bajo su custodia.

Fig. 9. Henri-Pierre Danloux, *La súplica de una vestal*. Museo del Louvre. Wikimedia Commons.

su amante debían afrontar una investigación y un juicio. Si eran considerados culpables, ambos eran condenados a muerte, si bien el procedimiento era muy distinto: la vestal infractora era encerrada en un habitáculo subterráneo y enterrada viva en el *Campus Sceleratus*, junto a la Porta Colina, mientras su cómplice era ejecutado en el Foro (Tito Livio, *Desde la fundación de la ciudad*, 22.57.2-5; Macrobio, *Saturnalia*, 1.10.5). Si eran absueltos, quedarían libres, pero no es difícil imaginar el peso que la sombra de la duda podía acarrear sobre su imagen pública, por lo que es posible que en ocasiones esta acusación se instrumentalizase con intereses políticos en el contexto de diversos enfrentamientos entre facciones y/o grupos familiares (fig. 9).

Las denuncias de este tipo tienden a proliferar en momentos de desequilibrio, incluyendo los contextos bélicos o los problemas internos en la ciudad. En época republicana contamos con un total de diez vestales condenadas y otras cinco más absueltas o salvadas milagrosamente por la deidad. Sin embargo, las noticias se centran especialmente en los primeros siglos de la República, de forma que desde el 114-113 a. C. hasta época imperial no se constata ninguna ejecución. Es probable que algunos de estos episodios se modelaran en realidad, con una intención moralizante que buscaba perfilar a través de ejemplos y contraejemplos la figura de la buena mujer romana. A este respecto podemos mencionar las acusaciones de Postumia y Minucia en el 420 a. C. y el 337 a. C., respectivamente, quienes habían sido objeto de sospecha por el excesivo adorno de su vestimenta y su actitud más abierta o libre de lo esperado para una vestal (Tito Livio, *Desde la fundación de la ciudad*, 4.44.11; 8.15.7). Lo mismo ocurre con los casos en los que se produce una intervención divina que constata la virginidad y, por tanto, la inocencia de las sacerdotisas. Estos episodios son muy conocidos en la tradición romana y posterior. Dos célebres ejemplos son el de Claudia Quinta, quien demostró su inocencia frente a las habladurías arrastrando en solitario el barco encallado que traía a Roma la imagen de la diosa Mater Magna (Cibeles) (fig. 10). Por su parte, la vestal Tuccia demostró su inocencia transportando agua hasta el templo de Vesta con un tamiz sin que esta se derramase. En ambos casos, eran sucesos prodigiosos que demostraban el apoyo de la divinidad (fig. 11).

Finalmente, aunque las funciones y obligaciones expuestas hasta ahora parecen hacer de las vestales la quintaesencia de la identidad romana, entendida desde el punto de vista más estricto, es decir, el de la propia ciudad de Roma, algunos testimonios parecen apuntar a la existencia de vestales también fuera de la ciudad, si bien estos se han encontrado en núcleos cercanos, próximos a los conocidos como Montes Albanos.

Fig. 10. Neroccio di Bartolomeo de'
Landi, *Claudia Quinta.* National
Gallery of Art, Washington D. C.
Wikimedia Commons.

Fig. 11. Joseph-Benoît Suvée, *La
vestal Tuccia transportando agua en
un tamiz.* Museo de Bellas Artes de
Tours. Wikimedia Commons.

6.
Otras sacerdotisas dentro y fuera de Roma

Las vestales no son las únicas sacerdotisas que podemos constatar dentro y fuera de la Urbe para el periodo republicano. Algunos autores clásicos y, en especial, las inscripciones halladas a lo largo y ancho de la península itálica nos permiten conocer los nombres de algunas de estas mujeres. Además, a través de la comparación de todos los datos disponibles, en algunos casos podemos aportar algún detalle sobre sus funciones o la posición que pudieron ocupar en los lugares en los que ejercieron su labor.

a) Flamínicas y *regina sacrorum*

Este apartado nos permitirá no solo comentar algunos detalles sobre la labor de las flamínicas y la *regina sacrorum*, sacerdocios de gran antigüedad en la ciudad, sino también introducir una nueva categoría de servicio sacerdotal: la pareja. Sabemos con certeza que tanto el flamen y la *flaminica Dialis* (sacerdotes al servicio de Júpiter) como el *rex* y la *regina sacrorum* (un cargo sacerdotal que, tras la desaparición de la monarquía, parece conservar ciertas funciones religiosas atribuidas a los antiguos reyes romanos) llevaban a cabo sus labores religiosas en conjunto, como pareja. Es razonable suponer, aunque disponemos de menos detalles, que los demás flámines y flamínicas (existían tres flámines mayores dedicados al culto de Júpiter, Marte y Quirino, y doce menores) seguían el mismo modelo.

Anteriormente, se consideraba que las sacerdotisas en estas parejas cumplían un rol complementario al de sus esposos en la labor sacerdotal. Sin embargo, en los últimos años han surgido nuevos argumentos y perspectivas que permiten entender estas uniones como interdependientes, ya que el esposo y la esposa ingresaban al cargo conjuntamente y servían solo hasta que uno de los dos fallecía. Esta estructura parece reflejar, a nivel público, el papel del matrimonio en los cultos privados y contribuir a reforzar los roles e ideologías de género en la sociedad romana.

En cuanto a las funciones específicas de estas sacerdotisas y sus obligaciones, contamos con más información sobre la *flaminica Dialis* y la *regina sacrorum*, ya que ambas forman parte de las parejas sacerdotales más importantes del Estado romano. En este apartado destacaremos aquellas funciones relacionadas con el calendario romano, pues, en días señalados y de forma cíclica, la *flaminica Dialis* y la *regina sacrorum* ofrecían sacrificios animales (Macrobio, *Saturnalia*, 1.15.19; 1.16.30) en honor a Júpiter y Juno, respectivamente. Estos rituales no solo marcaban el paso del tiempo, sino que también reflejaban la importancia de la cooperación entre hombres y mujeres en el culto público.

b) Las vírgenes salias

El caso de las vírgenes salias es, quizás, uno de los más complejos, ya que disponemos de muy poca información al respecto. Festo (439 L), un gramático latino del siglo II d. C., nos aporta algo de claridad al señalar:

> Cincio dice que las salias son vírgenes que son reunidas, llevando el ápex (*una suerte de bonete que llevan algunos sacerdotes) y armadas y equipadas para asistir a los salios, y Elio Estilo ha escrito que realizan un sacrificio en la Regia con el pontífice, armadas y equipadas y llevando el ápex a la manera de los salios.

¿Pero quiénes son los salios? Se trata de un colegio sacerdotal encargado de honrar al dios Marte cuya función principal es realizar danzas rituales y cánticos vestidos y armados como soldados en días específicos. Este aspecto marcial de sus ceremonias ha suscitado debates entre los estudiosos sobre la posible existencia de las salias y su rol, considerando la prohibición tradicional de la participación femenina en el combate armado. Sin embargo, el ámbito religioso no siempre refleja la esfera civil. En este sentido, es probable que la existencia de las salias deba interpretarse como la contraparte femenina de los salios, reforzando nuevamente la idea de que los cultos públicos a menudo dependían de la cooperación entre hombres y mujeres, tanto entre los sacerdotes como entre los devotos. En este contexto, la virginidad de las salias, al igual que la de las vestales, podría simbolizar la inviolabilidad de la ciudad y contribuir a mantener su poder y éxito, en este caso, en el ámbito militar.

c) Sacerdotisas de Ceres y Venus

Ya conocemos la existencia de sacerdotisas de Ceres en la ciudad de Roma, pero este es, además, uno de los sacerdocios que se encuentra con mayor frecuencia en otros núcleos de la península itálica, tanto en época republicana como en periodos posteriores, según reflejan las inscripciones conservadas. Aunque se desconocen muchos aspectos de este sacerdocio, la abundancia de epígrafes en lugares como *Sulmo* (actual Sulmona) o *Corfinium*, en el centro de la península itálica, sugiere que fue uno de los más destacados en estas comunidades. Algo similar ocurre con el sacerdocio de Venus, que aparece como uno de los cultos femeninos más comunes después del de Ceres. De hecho, en algunas inscripciones, las mujeres conmemoradas reciben el título de sacerdotisas de Ceres y Venus, si bien no sabemos si esto indica un sacerdocio conjunto o si las mujeres ostentaron ambos cargos en diferentes momentos de sus vidas.

Sus responsabilidades específicas son difíciles de precisar. En el caso de las sacerdotisas de Ceres y gracias a inscripciones de época imperial y la iconografía que estas nos presentan, podemos suponer que se encargaban de presidir el sacrificio de un cerdo o cerda, lo que refleja muy probablemente una conexión con la tradición griega y los rituales dedicados a Deméter en fiestas como las Tesmoforias. Esto sugiere una influencia del saber hacer griego que se mantendría en la Magna Grecia y Sicilia. Recordemos a este respecto, por un lado, que las sacerdotisas de Ceres en Roma deben proceder precisamente de estas zonas y, en segundo lugar, el caso de la *porcaria publica* y las sacerdotisas públicas de Ceres en Pompeya.

En cuanto al sacerdocio de Venus, los datos son mucho más limitados, lo que dificulta el esclarecimiento de sus responsabilidades y funciones.

d) Sacerdotisas de Líber/Baco

Varios testimonios indican la existencia de sacerdotisas de Líber, deidad itálica asociada con Baco, el dios del vino, tanto en Roma como en sus alrededores. Por ejemplo, durante las festividades en su honor, Varrón menciona que ancianas adornadas con guirnaldas de hiedra ofrecían pastelillos al dios en una pequeña estufa a cambio de monedas (*Sobre la lengua latina*, 6.14). También Ovidio resalta la edad provecta de estas mujeres (*Fastos*, 3.763-768).

Otros testimonios subrayan la conexión de las féminas con el culto a Líber/Baco, influido también por el dionisíaco. Uno de los casos más destacados es el escándalo de las Bacanales, ceremonias que, aunque no formaban parte de los *sacra publica* —los ritos realizados en nombre del pueblo y financiados por el Estado—, llamaron la atención del Senado. El relato de autores como Tito Livio está cargado de aspectos rocambolescos, como la transgresión de las normas morales, el desenfreno sexual e incluso el sacrificio humano, destinados muy probablemente a desprestigiar el culto y justificar la decisión de restringirlo (fig. 12).

A través del *Senadoconsulto sobre las Bacanales* (186 a. C.), el Estado romano buscó controlar su expansión y sus detalles rituales, percibidos como potencialmente desestabilizadores. La nocturnidad, la mezcla de hombres y mujeres (aunque esta última no era probablemente la preocupación principal) y, sobre todo, la falta de control estatal fueron factores determinantes. Sea como fuere, este texto indica que las mujeres ostentaban el cargo de sacerdotisas antes de la promulgación de este senadoconsulto y, dado que la prohibición de ejercer como sacerdotes que contenía solo afectaba a los hombres, es posible que pudieran continuar con sus funciones tras la regulación.

Esta medida, o quizás la propia evolución local del culto, pudo haber facilitado su incorporación a los *sacra publica* en otros núcleos. De hecho, existe una inscripción datada en el siglo I a. C. hallada en *Aquinum* (actual Aquino), en la que Servia aparece como sacerdotisa pública de Líber.

Fig. 12. William Etty, *Bacanal*. Colección privada. Wikimedia Commons.

e) Sacerdotisas de Mater Magna

Contamos con abundantes testimonios epigráficos que constatan la participación de mujeres como sacerdotisas de Mater Magna (Cibeles) en época imperial. No obstante, los datos para época republicana son escasos y se basan principalmente en lo que nos transmite el historiador Dionisio de Halicarnaso (*Antigüedades romanas*, 2.19.4). Según este autor, las procesiones en honor a la diosa eran presididas por un sacerdote y una sacerdotisa de origen frigio, con procedencia de Anatolia, al igual que la diosa misma. Recuérdese el episodio de Claudia Quinta, quien ayudó a mover el barco de la deidad cuando se introdujo en Roma por primera vez. En su descripción, Dionisio de Halicarnaso destaca los aspectos exóticos de estas procesiones y la labor de los sacerdotes, así como elementos relacionados con la experiencia sensorial provocada por la contemplación de la ceremonia: música (tambores y címbalos), imágenes y plegarias, entre otros (fig. 13).

A pesar de las características singulares que se le otorgan a este culto debido a que es percibido como foráneo, resulta interesante subrayar de nuevo la participación conjunta de sacerdotes y sacerdotisas, a menudo ignorada, lo que ha llevado a lanzar una

Fig. 13. Relieve de sacerdote de Cibeles. Museos capitolinos, Roma. Wikimedia Commons. En el relieve podemos ver los atributos e instrumentos propios de su culto. Aunque tradicionalmente se considera un hombre vestido a la manera «afeminada» que caracteriza a los servidores de la Mater Magna, algunos especialistas consideran que podría ser una mujer.

imagen en muchas ocasiones muy excluyente y segregada de la participación de hombres y mujeres en la religión romana. El caso de las parejas de sacerdotes es otro ejemplo de la interdependencia y cooperación en los cultos públicos, si bien es innegable que existen rituales con participación exclusiva de un género u otro.

f) Sacerdotisas de la Fortuna de las Mujeres

En el caso del culto a la Fortuna de las Mujeres, conocemos no solo los requisitos para acceder a la imagen de culto —haber contraído matrimonio una única vez— y, posiblemente, para ser su sacerdotisa —ser una recién casada—, sino también una leyenda que explica su origen y refleja valores fundamentales de la mentalidad romana. Esta historia narra cómo Cayo Marcio Coriolano, exiliado de Roma, se alía con los volscos para atacar su ciudad natal. Cuando los intentos diplomáticos fallan, el Senado respalda una última iniciativa de las mujeres romanas: permitir que Veturia, madre de Coriolano, junto a otras mujeres, intenten disuadirlo. En un encuentro lleno de emoción, Veturia apela a la *pietas* —un valor fundamental en Roma, que implica el respeto profundo a la patria, los dioses y los padres—, y Coriolano, conmovido por las súplicas de su madre, abandona sus planes de ataque (fig. 14).

Fig. 14. Nicolas Poussin, *Coriolano suplicado por su familia*. Museo Nicolas Poussin, Les Andelys. Wikimedia Commons. A pesar del título y la actitud de las mujeres, los autores clásicos que nos transmiten la historia suelen presentar a una Veturia que demuestra su autoridad materna ante su hijo.

Tras esta «victoria» lograda mediante la persuasión, las matronas solicitaron al Senado permiso para fundar un templo a Fortuna de las Mujeres en el lugar de su intercesión. Dado que en Roma solo los magistrados autorizados podían dedicar nuevos templos, esta petición era extraordinaria. A pesar de haber solicitado financiar y levantar el edificio sagrado por su cuenta, el Senado, aunque autorizó su creación, dispuso que se construyera con fondos públicos y la responsabilidad de la fundación recayó en uno de los cónsules. No obstante, las mujeres se encargaron de financiar una segunda estatua de la diosa. Además, se les permitió elegir a una de ellas como la primera sacerdotisa del culto. Estas eligieron a Valeria, que había liderado la embajada. A pesar de los aspectos legendarios, algunos detalles como el posible carácter electivo de este sacerdocio, la posibilidad de que deban ostentarlo mujeres univiras (casadas solo una vez) cuyos esponsales, según Dionisio de Halicarnaso, debían ser recientes o el carácter patriótico del mismo podrían reflejar realidades históricas (texto 2).

TEXTO 2.
DECISIÓN SOBRE LA FUNDACIÓN
DEL TEMPLO DE FORTUNA DE LAS MUJERES

(Dionisio de Halicarnaso, *Antigüedades romanas*, 8.55-56.
Trad. A. Alonso y C. Seco)

«A las mujeres, tras una deliberación, se les ocurrió no pedir ningún regalo que pudiera ser objeto de envidia, sino solicitar que el Senado les permitiera construir un templo a la Fortuna de las Mujeres en el lugar en que habían hecho las súplicas por la ciudad y, reuniéndose todos los años, ofrecerle sacrificios el día en que pusieron fin a la guerra. El Senado y el pueblo votaron consagrar a la diosa un terreno comprado con el dinero público, construir un templo y un altar como los pontífices ordenasen, y ofrecer sacrificios a expensas públicas, siendo una mujer que ellas designasen como ministra de los sacrificios la que les diese comienzo. Una vez que el Senado votó esto, entonces las mujeres eligieron sacerdotisa, por primera vez, a Valeria, la que les había propuesto el plan de la embajada y había convencido a la madre de Marcio de que tomara parte con ellas en la salida. El primer sacrificio lo hicieron las mujeres en nombre del pueblo, iniciando los ritos Valeria sobre el altar construido en el recinto sagrado, antes de que fueran erigidos el templo y la imagen, en el mes de diciembre del año siguiente, en la luna nueva. [...] Pues bien, se cuenta que, cuando el Senado había votado que todos los gastos del templo y de la estatua fueran sufragados a cargo del Estado, y las mujeres habían hecho levantar otra estatua con el dinero que ellas mismas habían reunido, y las dos habían sido consagradas a la vez en el primer día de la consagración del templo, una de las imágenes, la que habían hecho erigir las mujeres, habló [...] Por consiguiente, el Senado, al enterarse, votó que se realizaran cada año otros sacrificios y actos de veneración, los que indicaran los intérpretes de las cosas divinas. Y las mujeres establecieron como costumbre, siguiendo el consejo de la sacerdotisa, que a esa estatua ni le pusieran guirnaldas ni le acercaran sus manos cuantas mujeres hubieran probado segundas nupcias, y que toda su honra y cuidado fueran entregados a las recién casadas».

g) Sacerdotisas y *antistites* de Bona Dea

Ya se ha mencionado el ritual celebrado en diciembre en honor a Bona Dea, que estaba restringido para los hombres y en el que las vestales desempeñaban un papel fundamental. Las características de este ritual han llevado a pensar que la exclusión masculina podría extrapolarse a todo el culto de Bona Dea, respaldándose también en algunos relatos etiológicos sobre su origen. Sin embargo, otros testimonios, incluyendo numerosas inscripciones, han desmentido que esta exclusión se aplique a todo el culto.

Asimismo, surgen dudas respecto al personal encargado de llevar a cabo las ceremonias y asistir a los devotos de la diosa. Las fuentes hacen referencia a sacerdotisas que probablemente se ocupaban de los sacrificios en honor a la deidad y su templo, así como a *piatrices* y *antistites*. Parece que estas figuras se encargaban principalmente de administrar remedios y atender a los devotos que acudían al templo de Bona Dea, diosa vinculada con la *salus* o bienestar (Macrobio, *Saturnalia*, 1.12.26). Esto podría indicar, por tanto, un cierto conocimiento farmacológico y, muy probablemente, una especialización en aspectos terapéuticos, así como la transmisión de importantes saberes entre grupos de profesionales religiosos conformados por mujeres.

7.
Más allá de lo religioso

Tras analizar las labores religiosas, formas de acceso y obligaciones de las sacerdotisas en la Roma republicana, podemos cuestionarnos su influencia en otras esferas, como la política. De nuevo, las fuentes disponibles son más abundantes en el caso de las vírgenes vestales, ya que su estatus especial les confería una independencia y poder inusuales, incluso en comparación con otros sacerdocios femeninos.

La inviolabilidad o *sanctitas* de las vestales era un factor clave en su posición de poder. Este estatus sagrado no solo implicaba que no podían ser dañadas bajo ninguna circunstancia, sino que también les permitía actuar en favor de sus familiares, como ocurrió con la famosa vestal Claudia (siglo ii a. C.). En el 143 a. C., ella utilizó su inviolabilidad para proteger a su padre, Apio Claudio Pulcro, de la intervención de un tribuno que intentaba detener la celebración de su triunfo no sancionado por las autoridades de la ciudad. Este acto no solo reflejó su capacidad para intervenir en aspectos con una clara vertiente política, sino que también mostró cómo una vestal podía utilizar los privilegios de su cargo para favorecer los intereses de su familia.

La visibilidad de las vestales y algunos de sus privilegios también podían instrumentalizarse con esta intención. Por ejemplo, en el 63 a. C. la vestal Licinia utilizó su estatus para apoyar públicamente la candidatura al consulado de su familiar Lucio Licinio Murena, cediéndole su puesto de honor en los juegos. Recuérdese, además, el acceso que las vestales tenían a documentos de vital importancia y a redes de información entre los políticos más destacados de la comunidad. La importancia de dicha labor se pone de relieve, por ejemplo, cuando permitieron entrar al futuro Augusto en el santuario de Vesta para apoderarse del testamento de su rival Marco Antonio (Plutarco, *Vida de Antonio*, 58.2). Este documento posteriormente sirvió como una pieza clave en la construcción de la propaganda augustea contra su enemigo.

TEXTO 3.
DISCURSO DE CICERÓN EN DEFENSA
DEL HERMANO DE LA VESTAL FONTEYA
(Cicerón, *En defensa de Marco Fonteyo*, 46-48. Trad. J. Mª Requejo Prieto)

«Ha estado ella tan sumida durante tantos años en aplacar a los dioses inmortales en favor de vosotros y de vuestros hijos que ahora debería apaciguar vuestros ánimos en favor de su propia salvación y de la de su hermano. A esta desdichada, ¿qué amparo, qué consuelo le queda si pierde a este? En efecto, las demás mujeres pueden engendrar ellas mismas sus defensas y poseer en casa un aliado y partícipe de todos sus avatares; pero a esta virgen, ¿qué hay, fuera de su hermano, que pueda resultarle o placentero o querido? No permitáis, jueces, que los altares de los dioses inmortales y de la madre Vesta sean recordatorios de vuestro fallo a causa de los lamentos diarios de una virgen. Estad vigilantes, no sea que aquel fuego eterno, guardado gracias a las labores nocturnas y velas de Fonteya, se diga que ha quedado extinguido con las lágrimas de vuestra sacerdotisa. Tiende a vosotros la virgen vestal sus manos suplicantes, las mismas que tiene como rito tender a los dioses inmortales en favor vuestro. Cuidad de que no resulte peligroso e insolente el que desdeñéis vosotros sus ruegos: si los dioses rechazaran sus preces, lo nuestro no podría mantenerse incólume».

A lo largo de la República, las vestales actuaron en un espacio ambiguo entre lo público y lo privado. Aunque su papel sacerdotal estaba claramente vinculado a la religión pública, vemos cómo su influencia se extendía y entremezclaba en los ámbitos familiar y político. En muchos casos, usaron su estatus sagrado para interceder en favor de sus familiares, como ocurrió con Claudia o con Fonteya, cuya autoridad religiosa fue utilizada por Cicerón en un juicio para proteger a su hermano (texto 3). Además, el papel de las vestales en la intercesión política no se limitaba a sus intereses familiares. En momentos críticos las vestales actuaron en defensa de figuras públicas importantes, mostrando así su relevancia en aspectos que van más allá de la esfera religiosa. Por ejemplo, en el año 82 a. C. solicitaron al nuevo dictador de Roma, Lucio Cornelio Sila, que perdonara a Julio César, quien había sido incluido en la lista de proscritos por negarse a divorciarse de su esposa Cornelia, hija de Lucio Cornelio Cina, enemigo acérrimo del dictador.

En resumen, las vestales representaban una excepción notable dentro de la estructura social romana. Su estatus sacerdotal, combinado con los privilegios legales y su conexión con las élites políticas, les permitía ejercer una influencia pública significativa. A través de su capacidad para intervenir en asuntos políticos y judiciales, la gestión de su propio patrimonio y su visibilidad en la vida pública de Roma, las vestales desafiaban las limitaciones tradicionales impuestas a las mujeres y desempeñaban un rol fundamental en el mantenimiento del orden político y religioso de la ciudad.

En el caso de otros cargos sacerdotales destacados, como el de las sacerdotisas de Ceres en algunos núcleos de la península itálica central y en la Magna Grecia del sur de Italia, una influencia similar no puede ser constatada con seguridad. No obstante, sabemos que en época imperial importantes sacerdotisas, como las flamínicas consagradas al culto del emperador y la familia imperial, fueron honradas dentro y fuera de sus comunidades como mujeres de influencia, benefactoras públicas y/o representantes de los intereses de dichas comunidades dentro de las esferas de poder locales y supralocales.

Conclusiones

Comenzaremos estas breves consideraciones finales contestando a la pregunta que planteábamos al inicio: la labor sacerdotal de las mujeres no fue ni excepcional ni marginal. Cuestión aparte es que, evidentemente, esta sea menos numerosa que en el caso de los varones, que coparon buena parte de los cargos que tenían como misión regular las relaciones entre la comunidad y las divinidades.

Asimismo, hemos podido constatar que las mujeres llevaron a cabo sus obligaciones religiosas como parte integrante de distintos colectivos, ya sea como miembros de un colegio, como en el caso de las vestales, ya sea formando parte de una pareja sacerdotal. Por consiguiente, más que la segregación en la participación religiosa de hombres y mujeres, admitiendo que existen casos incontestables que la transmiten, resulta enriquecedor destacar los ejemplos de interdependencia y cooperación, los cuales amplían nuestra comprensión de las dinámicas de los cultos públicos.

También es necesario destacar y desterrar algunas limitaciones que los especialistas modernos, más que las propias fuentes clásicas, han querido ver en la labor religiosa femenina, principalmente su supuesta incapacidad para presidir sacrificios cruentos. Lo que, por otro lado, no nos impide admitir que es probable que las mujeres tuvieran menos oportunidades de hacerlo, dado que muchos cultos en los que se veían involucradas no los precisaban.

Además, más allá del sempiterno (y apasionante) ejemplo de las vestales, se ha querido subrayar que, a pesar de las dificultades con las que contamos, nos es posible rescatar otros sacerdocios femeninos en la península itálica republicana. Esto revela una variedad más rica de la que muchas personas, incluso profesionales de la Historia, son conscientes. Dichos sacerdocios presentaban

Fig. 15. Lawrence Alma-Tadema, *El festival de la vendimia*. Kunsthalle de Hamburgo. Wikimedia Commons.

características específicas y, aunque mayoritariamente estaban destinados a atender a divinidades femeninas, también encontramos a mujeres consagradas al culto de deidades masculinas.

Finalmente, es preciso destacar la heterogeneidad de mujeres que encontramos asumiendo el cargo de sacerdotisa (en edad, estatus, dignidad o condición jurídica), así como otros que resultaban imprescindibles en el correcto desarrollo de los cultos públicos, pero que han sido sistemáticamente ignorados. En ellos vemos a esclavas y libertas que, junto a las mujeres libres, también participaron de la vida religiosa romana, ya sea como sacerdotisas, asistentes, músicas, personal de atención al público o encargadas del mantenimiento del templo. Todas estas labores revelan un conocimiento más o menos técnico o especializado que es preciso valorar. En algunos casos es probable, de hecho, que este se transmitiera generación tras generación entre aquellas mujeres que velaron incansablemente por la prosperidad de la comunidad y por la armonía sagrada entre esta y las divinidades. Una destacadísima misión que, sin duda, situó a estas mujeres en una posición privilegiada e influyente en sus respectivas comunidades (fig. 15).

Fuentes y bibliografía

La información presentada en esta breve y necesariamente incompleta síntesis sobre las sacerdotisas en la península itálica durante la Roma republicana se ha construido mediante la comparación de diversas fuentes. Por un lado, contamos con la información proporcionada por autores clásicos, todos ellos hombres, ya que, lamentablemente, no disponemos de testimonios femeninos que ofrezcan una visión propia de estos fenómenos. Cabe señalar que muchos de estos autores describen sacerdocios y eventos que no presenciaron, de los cuales los separan incluso varios siglos. Este aspecto es fundamental, pues los especialistas deben tener en cuenta la perspectiva y el contexto de sus fuentes. En el caso del sacerdocio femenino, es posible que estos textos reflejen realidades contemporáneas de los autores, proyectadas hacia el pasado para llenar vacíos documentales o construir un relato coherente. Así, debemos ser conscientes de que muchas de las funciones, obligaciones o aspectos rituales atribuidos a un sacerdocio específico pudieron haber variado con el tiempo, y de hecho lo hicieron en muchos casos.

Para una lista de autores relevantes en el estudio del sacerdocio femenino en Roma, se mencionarán a modo de ejemplo los siguientes. En cuanto a las vestales, hay que destacar principalmente a dos: Aulo Gelio y Plutarco, autores ambos de los siglos I-II d. C., quienes aportan información valiosa sobre las condiciones de acceso al sacerdocio, la organización interna del culto y detalles biográficos de algunas vestales destacadas.

Toda aproximación a la Roma republicana debe considerar las obras de los historiadores Tito Livio (siglo I a. C. - I d. C.) y Dionisio de Halicarnaso (siglo I a. C.). Para nuestro tema de interés, estos ofrecen relatos etiológicos como el de la Fortuna de las Mujeres y otros datos sobre la participación religiosa femenina más allá del sacerdocio. Tito Livio, por ejemplo, es fundamental para estudiar los prodigios y los ritos expiatorios. El orador

Cicerón (siglo I a. C.) también es una fuente invaluable, y aporta detalles de gran interés como la condición de extranjeras de las sacerdotisas de Ceres en Roma.

El poeta Ovidio ofrece en sus *Fastos* valiosísima información sobre el calendario y la vida religiosa romana del siglo I a. C. - I d. C., lo que la convierte en un texto imprescindible para cualquier persona interesada en la religión romana. De igual modo, la obra *Saturnalia* del gramático Macrobio (siglos IV-V d. C.) es fundamental, aunque tardía, como la obra del también gramático Festo (siglo II d. C.), que ha atravesado importantes problemas de conservación, pues su primera mitad ha llegado a nuestros días gracias a la versión abreviada de Paulo Diácono (siglo VIII). Con el objetivo de no extender demasiado esta nómina, me centraré a continuación en los historiadores e historiadoras modernos que han trabajado dichos temas.

Para una visión general de la participación femenina en la religión de la República romana, la obra de Celia Schultz, *Women's Religious Activity in the Roman Republic,* Chapel Hill, 2006, es esencial, ya que aborda estos aspectos desde una perspectiva de género que aporta nuevos enfoques. En castellano, se encuentra un balance crítico (que no se centra exclusivamente en época republicana) en Mercedes Oria Segura, «Mujeres y religión en el mundo romano: enfoques cambiantes, actitudes presentes», *Arenal* 24 (2017), 73-98.

En general, sobre el sacerdocio femenino en la Roma republicana es absolutamente imprescindible la obra de Meghan DiLuzio, *A Place at the Altar. Priestesses in Republican Rome,* Princeton, 2016, que ha sido clave en la conformación de esta síntesis y de la que recomendamos fervientemente su lectura. En castellano resulta de interés la publicación de José A. Delgado Delgado, «*Flaminica – Regina – Vestalis*. Sacerdocios femeninos de la Roma antigua», en Dolores Serrano-Niza y M.ª Beatriz Hernández Pérez (eds.), *Mujeres y religiones: tensiones y equilibrios de una relación histórica,* Santa Cruz de Tenerife, 2008, 85-105.

Si nos centramos en el caso concreto de las vestales, la bibliografía disponible es prácticamente inabordable. Por tanto, nos limitaremos a recomendar la lectura de obras recientes de gran relevancia. En primer lugar, José Carlos Saquete Chamizo, *Las vírgenes Vestales. Un sacerdocio femenino en la religión pública romana*, Madrid, 2000. Asimismo, Robin L. Wildfang, *Rome's Vestal Virgins. A study of Rome's Vestal priestesses in the late Republic and early Empire*, Londres-Nueva York, 2006. Sobre su voto de castidad y las consecuencias derivadas de su infracción se remite a los artículos de Juan Antonio Montalbán Carmona, «Castidad o castigo. El estupro de las Vestales como símbolo de desorden social en Roma», *Panta Rei* 2016, 63-86, y Cándida Martínez López, «Virginidad-fecundidad: en torno al suplicio de las Vestales», *Studia Historica. Historia Antigua* 6, 1988, 137-144. Finalmente, sobre los aspectos que exceden su labor sacerdotal, Lidia González Estrada, «La agencia política de las vestales en Roma: estrategias, mecanismos y prácticas», en Sara Casamayor y Pepa Castillo (eds.), *Conspiradoras. Mujer y espacio público en la Antigua Roma*, Granada, 2024, 233-255.

Para profundizar en el debate en torno a la capacidad femenina de presidir sacrificios cruentos, recomendamos Emily Hemelrijk, «Women and Sacrifice in the Roman Empire», en Olivier Hekster, Sebastian Schmidt-Hofner y Christian Witschel (eds.), *Ritual Dynamics and Religious Change in the Roman Empire*, Leiden, 2009, 253-267; James Rives, «Women and Animal Sacrifice in Public Life», en Emily Hemelrijk y Greg Woolf (eds.), *Women and the Roman City in the Latin West*, Leiden-Boston, 2013, 129-146; y, en español, Mercedes Oria Segura, «De mujeres y sacrificios: un estudio de visibilidad», *Saldvie* 10, 2010, 127-147.

Es imprescindible finalizar este recorrido resaltando la extraordinaria aportación de las fuentes epigráficas en la reconstrucción de la vida y labor de las sacerdotisas, tanto en época republicana como posterior. Gracias a ellas, podemos constatar la existencia de especialistas religiosos que, de otra manera, se habrían perdido irremediablemente, y ofrecen la posibilidad de establecer comparativas de gran interés. Finalmente, nos permiten rescatar los nombres y la identidad de mujeres que, de esta forma, desafían las furias del tiempo y del olvido para llegar, contra todo pronóstico, hasta nuestros días.

CRONOLOGÍA DE LA REPÚBLICA ROMANA

AÑO	ACONTECIMIENTO
509	Expulsión de Roma del rey Tarquinio el Soberbio. Inicio de la República
494	Creación del tribunado de la plebe después de la primera secesión
451-450	Ley de las Doce Tablas, primer código legal de Roma
445	Se autoriza el matrimonio entre patricios y plebeyos
326	La *lex Poetelia Papiria* supone la abolición de la servidumbre por deudas
312	Se construye el primer acueducto de Roma, *Aqua Appia*
304	Construcción de la Vía Apia, de Roma a Capua
287	La *lex Hortensia* da valor de ley a las decisiones de la plebe (plebiscitos)
264-241	Primera Guerra Púnica. Control romano de Sicilia, Córcega y Cerdeña
218-202	Segunda Guerra Púnica contra Cartago. Desembarco romano en la Península Ibérica
215	La *lex Oppia* restringe el uso de objetos de lujo por parte de las mujeres
Siglo II a.C.	Generalización del matrimonio *sine manu*, por el que las mujeres eluden la tutela legal de su marido
200-196	Segunda Guerra Macedónica, que finaliza con el protectorado sobre Macedonia y un control tutelado sobre Grecia
188	Plauto escribe una de sus comedias más famosas, *Anfitrión*
186	*Senatus consultum de Bacchanalibus*, decreto del Senado reprimiendo el culto al dios Baco en Italia
180	La *lex Villia Annalis* establece la normativa de acceso a las magistraturas *(cursus honorum)*
h. 160	Catón escribe su tratado *Sobre la agricultura*
149-146	Tercera Guerra Púnica. Destrucción de Cartago. Destrucción de Corinto. Creación de la provincia de Macedonia
133 y 121	Asesinatos políticos de los tribunos de la plebe Tiberio y Cayo Sempronio Graco
ca.115 o 110	Muere Cornelia, modelo ejemplar de matrona romana y madre de los Gracos
91-88	Guerra contra los Aliados. Concesión de la ciudadanía romana a los itálicos
82-81	Dictadura de Sila y proscripciones de sus adversarios políticos
73-71	Revuelta de esclavos y gladiadores liderada por Espartaco
67-66	Las leyes Gabinia y Manilia otorgan poderes extraordinarios a Pompeyo contra los piratas en el Mediterráneo y contra Mitrídates en Oriente
58	Tribunado de la plebe de Clodio: distribuciones gratuitas de trigo en Roma. Exilio de Cicerón
55	Construcción del teatro de Pompeyo, primero en piedra en la historia de Roma
51	Cicerón escribe su tratado filosófico y político *Sobre el Estado*
50	Julio César publica *La Guerra de las Galias* sobre sus campañas militares
49-45	Guerra civil entre cesarianos y pompeyanos. Victoria de los cesarianos
45	Entrada en vigor del calendario juliano (en vigor en Europa hasta 1582)
44	Asesinato de Julio César en los Idus de marzo
43	Triunvirato de Lépido, Marco Antonio y Octavio. Proscripciones
31	Batalla de Accio: victoria de Octavio sobre las tropas de Marco Antonio y Cleopatra VII
27	Octavio devuelve sus poderes al Senado, pero su gesto es rechazado. Es proclamado Augusto

ISBN 978-84-1340-953-5

En la República romana, el espacio de la memoria estaba reservado al éxito militar y político masculino. Las mujeres, encerradas en el ámbito doméstico y religioso, estaban excluidas de esa conmemoración. Sin embargo, cuando dirigían la mirada al pasado, podían ver una serie de personajes femeninos, únicos, que habían tenido experiencias vitales distintas a las suyas. Eran diferentes, aunque no por completo antagónicas. En parte simbolizaban lo que ellas eran, o más bien lo que de ellas se esperaba, y también lo que se temía. Para nosotros son todas mujeres legendarias, por excepcionales, pero también porque su historicidad no siempre puede ser corroborada. La memoria de esas primeras romanas es antigua y difícil de desentrañar. Este Cuaderno pretende esclarecer cómo y por qué fueron recordadas algunas de esas mujeres en época republicana: las sabinas, Tarpeya, Tanaquil y Lucrecia.

ANA MAYORGAS RODRÍGUEZ es profesora titular de Historia Antigua en la Universidad Complutense de Madrid.

Editorial Universidad de Sevilla

1474

Prensas de la Universidad
Universidad Zaragoza